Spanish Short Stories
For Beginners

Learn Spanish with Stories

Mariana Ferrer

How to Use This Book

*The aim of this book is to help you interiorize new Spanish vocabulary and to help you expand even further your knowledge of grammatical structures. The stories you'll find here are challenging enough so that you can keep learning and absorbing new words and grammatical structures in Spanish **naturally as you read.***

*One common mistake people make when reading is to engage in **intensive reading**, the kind of reading that tries to understand **every single word** which could rapidly become frustrating.*

That is very useful when at school, but not so good if you are trying to read a whole story because having to stop all the time to look up words on the dictionary

*So the main idea is that you engage in **extensive reading**, the* kind of reading that focuses in reading material until the vocabulary sounds so familiar that you can **understand the story** even though there might be a word here and there that you don't quite well understand. Your brain is catching up on new vocabulary on autopilot, the more associations you let your brain make the better your Spanish will become. So don't let a few words to bother you, keep reading, you can always come back to those words later if you need to.

Keep reading and try to guess the meaning of new vocabulary based on the context of the story and, if you need to. Without thinking much of it you'll develop a sense for what the meaning of any given word is that you'll be gladly surprised.

PARTE 1

SOFIA

Hola, me llamo Sofía, tengo 15 años y estoy iniciando el segundo semestre de la escuela preparatoria. Me gusta dibujar, tomar fotografías, leer, escribir y escuchar música, pienso que no hay nada mejor que leer un buen libro con los audífonos puestos y una taza de chocolate caliente.

Capítulo 1

Dibujar

Gracias a que tengo mucho tiempo libre durante las vacaciones me puse a *dibujar*, me dicen que soy muy buena pero yo no lo creo, es decir, no soy mala dibujando ni nada de eso, es solo que algunos de mis amigos hacen dibujos más creativos y con mejor calidad, aunque de todas maneras dibujar me gusta mucho y lo sigo haciendo, justo ahora estoy dibujando una pareja de enamorados abrazándose frente al mar bajo la luz de la luna y las estrellas.

Mi lápiz y mi borrador pueden lograr representar las cosas más simples como un montón de frutas en un *frutero* o lograr crear mundos fantásticos, por eso me gusta tanto dibujar, a veces solo me siento en el pequeño escritorio de mi cuarto y comienzo a dibujar algo que soñé y otras veces me gusta salir y dibujar lo que vea, tal vez una paloma parada en la en *grama del parque*, quizá a la gente cruzando las calles del centro, o tal vez una casa adornada en navidad, siempre hay algo hermoso que ver.

Capítulo 2

La Fotografía

Siempre que salgo llevo mi cámara digital o mi celular listo conmigo, para no dejar pasar la oportunidad de fotografiar algo bello. Personalmente me gusta más fotografiar lugares y *paisajes* que personas, pero ya sea que salga a tomar fotos o a dibujar siempre llevo mi música, y es que, para mí, la música es mi herramienta principal, es increíble como un dibujo puede cambiar dependiendo del estado de ánimo en que me siento, además me gusta muchísimo ir por ahí con mi celular escuchando mi música favorita, me siento como estrella del pop en un video musical.

Yo soy un poco rara en cuanto a gustos musicales, escucho casi de todo, me gusta el pop, el rock, tal vez un poco de música clásica a la hora de estudiar, pero lo que en realidad me encanta y *disfruto* mucho es el *baile folclórico* ¿olvide mencionarlo entre las cosas que me gustan?

La danza folclórica esto es algo que lejos de simplemente gustarme me llena de alegría y emoción, me encanta, lo cual es diferente, por ejemplo, a alguien pude gustarle la comida, pero siempre hay un platillo que más que gustarle le encanta, es lo mismo conmigo pero con la música, me gusta escuchar música, pero me encanta la danza folklórica, es el baile que representa nuestro lugar de origen, está clasificado por regiones y en base a las clases sociales que los bailaban en la antigüedad, *las coreografías* de Jalisco y Nayarit son realmente hermosas, pero prefiero los bailables de mi querido Nuevo León.

Capítulo 3

Bailar

Las tipos de baile que más me gustan son los *huapangos* y en especial una pieza que se llama *la grulla*, llevo un semestre en danza y ya me enamore de todos los bailables, pero **"la grulla"** es una danza que, al verla, siento que me habla, al escucharla, me dan ganas de pararme y bailar, y al bailarla es como ir, por un breve instante, a otra época, bailar folklore hace que, por un momento, me olvide de todos mis problemas, de si tengo un par de cabellos sueltos o no, de mis calificaciones y de todo lo demás.

Al bailar danza folklórica pasa algo mágico, llevo todo un semestre en danza y me he aprendido varias *coreografías*, un montón **de *pasos de baile*, y aunque me falta mucho para llegar a ser una gran bailarina, el ir cada sábado a **los ensayos** te enseña disciplina, te enseña a seguir intentando hasta lograrlo, te enseña que si no lo intentar y te rindes llegara otra que lo hará mejor que tú y perderás una oportunidad.

Te enseña a apreciar el arte, y lo más importante, te enseña que las demás personas, al estar unidas, pueden llegar a ser como tu segunda gran familia, si nunca lo has bailado te lo recomiendo, aunque tampoco es para todos, hay personas que simplemente no lo entienden y dicen que no les gusta o que les aburre, pero hay gustos para todos, hay personas que no entienden mi gusto por la danza y yo no entiendo la preferencia que tienen otras personas por bailar reggaetón y esas cosas, pero pues lo respeto.

Capítulo 4

El Diario

Qué bonito se siente escribir un diario, no escribía uno desde que era una niña en tercero o cuarto grado de primaria, es divertido, en secundaria escribía poemas que no dejaba que nadie viera o pequeñas historias de fantasía, me sirvió para la clase de español cuando el maestro pedía un cuento y también cuando vimos los poemas.

Ahora le he encontrado un gusto enorme a escribir reseñas de libros y hacer resúmenes para las clases, aunque mi gran defecto es ser realmente floja, ahora que estoy de vacaciones pase de levantarme a las 5 de la mañana para arreglarme y estar lista para irme a las 6, a despertarme casi a las 10 am y levantarme de la cama a las 11 de la mañana, ¡vaya que desperdicio parte del día!

Aunque el hecho de levantarme tarde puede que tenga que ver con que me desvelo viendo películas con mi familia, mi papa suele poner películas que podamos ver todos, mi mama se asegura de que todo esté limpio y ordenado, mis dos hermanos menores se alistan a escoger la película junto con mi papa o muy probablemente están afuera jugando con sus amiguitos.

Capítulo 5

La Cocina

Lo único en lo que soy buena en la cocina es con las pastas, pero mi especialidad son los **postres, pastelillos y postre de limón, panqueques, donas**, etc. Hacer pastel es lo que más me gusta, pero las donas llevan su buen crédito también, son bastante complicadas, aunque a decir verdad, esas más bien las hace mi mama y yo simplemente le ayudo, pero cuando las donas, el pastel o cualquier postre está terminado, todos en mi familia hacemos magia y lo desaparecemos en menos de la mitad del tiempo que me llevo prepararlo, eso sí que es tiempo record.

Pero siempre me da mucho satisfacción saber que lo que yo cociné si les gusta a los demás, en especial a mi familia, que incluso cuando intento cocinar algo sano y se me quema o no queda del todo bien, ellos no dicen nada hasta que yo misma lo pruebe, mientras tanto ellos se comen lo que les haya servido.

Capítulo 6

Mis Amigos

Hoy vienen de visita algunos amigos a mi casa, faltan unas dos horas para que den las 5 de la tarde, hora en que habíamos acordado en vernos en mi casa, no puedo creer que falten dos horas y yo siga en pijamas, pero es que me levante pasadas de las 12, ayer no pude dormir muy bien que digamos, estoy acostumbrada a dormir con música, y como mi celular se descargó durante el día y el cargador estaba en el piso de abajo no pude conectarlo.

Hoy dormí solo con los ruidos de la noche, me pase un buen rato dando vueltas en la cama y por si fuera poco, olvide cerrar la ventana de mi cuarto y entro una mariposita por la rendija de la ventana abierta, se paseó volando por la habitación y sobre mi cama una y otra vez, no sé a qué hora me dormiría, pero fue bastante después de que me fuera a la cama, en fin, hoy es un nuevo día y uno muy bueno.

Ha pasado tiempo desde que vi a mis amigos, tengo que escoger que ponerme, y que perfume usar, recientemente me corte el cabello así que no tardare tanto en peinarme, y no es como que vayamos a ir a alguna fiesta, así que prefiero no maquillarme y por lo general no uso aretes o ese tipo de accesorios a menos que sea realmente necesario para la ocasión, como cuando hay una presentación de danza, que obviamente tengo que maquillarme y usar aretes y ¡hasta una falda muy larga!

Capítulo 7

La Pizza

Mis amigos vendrán hoy, justo ahora estoy hablando por teléfono con Sandra, ella tiene una gemela, se llama Susana y también va a venir, quieren saber a qué horas terminaremos para que su mamá venga a recogerlas, yo le digo que no sé, porque realmente no lo sé ya que cada quien puede irse a la hora que quieran y les parezca mejor, mejor me comienzo a arreglar, no quiero que llegue a venir alguien y yo aun en mis fachas.

Ya llegaron varias personas, por suerte si alcance a terminar de arreglarme, estamos todos en la sala comiendo pizza y platicando, bueno, mitad platicando mitad tarareando las canciones que pusimos en internet con la laptop de mi mamá, me encanta pasar tiempo con ellos, siempre me alegran el día, en especial mi mejor amigo, nunca le digo por su nombre, le llamo el "niño", porque a veces se comporta como un niño chiquito, juega y todo, pero cuando estamos con el siempre soltamos más de una carcajada, parece que siempre está bromeando y haciéndose el tonto para hacernos reír.

El "niño" también puede ponerse serio si la situación lo requiere, como cuando alguno de nosotros esta triste o distante, él se vuelve todo un psicólogo para nosotros, aunque su gran defecto es que tiene demasiado ego, es decir, no está mal tener el autoestima un poco alto, pero él lo tiene por las nubes, casi me atraganto con la pizza cuando Elizabeth empezó a cantar con el "niño" y usaron la orilla de su rebanada como micrófono, si hicieran una audición de talentos para cantar, los sacarían a patadas de ahí por hacer que se rompan todos los vidrios de tan mal que cantan...

Capítulo 8

Las Gemelas

Hoy me la estoy pasando muy bien, siempre es muy fácil hacer el ridículo sintiéndome cómoda con ellos, nos la pasamos entre risas, yo las puse al corriente sobre lo que había hecho durante las fiestas de vacaciones y desde la última vez que nos vimos, Elizabeth también nos contó un montón de cosas, las gemelas nos contaron sobre su última pelea y que su mama las regaño diciéndoles que no las iba a dejar venir, pero consiguieron el permiso recogiendo las habitaciones.

El "niño" nos dijo que ya había encontrado trabajo, está en mí mismo grupo en la prepa pero está teniendo dificultades con algunas materias y me pidió que le ayudara en inglés a él y a "bebote", nuestro otro amigo del salón, le pidió que le ayudara en matemáticas, eso afecto su ego pero pues solo así está aprendiendo.

Entre risas y platicas casi ni note que ya se oscureció afuera, ya casi son las nueve y a esa hora se irán las gemelitas, el niño y bebote, fue muy divertido estar con ellos un rato, de hecho Elizabeth ya está planeando la siguiente salida y espero verlos pronto, pero como ya está llegando el final de las vacaciones, tenemos que ponernos de acuerdo sobre qué días tiene libre cada uno, nosotros en la prepa todavía tenemos una semana y media de vacaciones, pero los de la secundaria solo les quedan unos cuantos días.

Capítulo 9

Limpieza

Ya que se fueron todos me puse a barrer y hasta le di una pasada al piso con el *trapeador,* aunque no estaba muy sucio en realidad, todo estuvo genial solo un pepperoni por aquí y una macha de salsa por allá, pero no me gusta dejarle todo el trabajo a mi mama, pero termine muy cansada, solo subí a mi cuarto, me prepare para dormir y en cuanto me acosté en la cama me quede bien dormida.

Ya amaneció y para mi sorpresa no me levante tan tarde, alcance el desayuno temprano y al terminar me puse a jugar un videojuego con mis dos hermanos, no podemos jugar los tres al mismo tiempo ya que solo tenemos 2 controles, pero de todas maneras mi otro hermano, el más pequeño, está ayudándole a mi papá a arreglar la bicicleta, claro que mi papá lo pone a hacer las cosas más simples, como pasarle los tornillos o buscar alguna cosa en su caja de herramientas, parece que ahora está inflando una de las llantas, pero en lo que me distraje a ver qué era lo que estaban haciendo mi hermano me gano en el videojuego, es uno de guerra y se supone que yo estaba escondida en un edificio abandonado como todo un francotirador, pero al parecer mi escondite no es a prueba de que me arrojen granadas.

- No, Mejor pongamos otro juego

- Lo dices solo porque perdiste, escoge un mapa rápido.

- Ok, pero ahora yo te voy a encontrar antes que tú a mi

-Si tú lo dices, solo oprime el botón de jugar y ya.

Mi hermano es casi tan competitivo como yo, ahora estamos en guerra, aunque solo en el videojuego, él es de los soldados de América y yo Soy Europea…

Capítulo 10

Los Videojuegos

Casi nunca tengo tiempo para ponerme a jugar en esto, cuando tengo tiempo libre prefiero hacer otras cosas, como leer o escuchar música o dibujar, no estar sentada con el control en las manos simplemente moviendo los dedos, pero ahora me alegra jugar un rato con mi hermano, ya que casi siempre lo dejo de lado y me pongo a hacer mis cosas.

Se le apaga el control y yo le disparo un par de veces, ¡le gane! … ¡No!, uno de los soldados del juego del equipo de él me disparo a mí... ambos perdimos, decidimos cambiar de juego y mientras el escoge otro yo voy a la cocina a buscar algunas galletas o botanas, o de mínimo un par de dulces, cuando regreso y me dejo caer en el sillón veo que mi hermano puso ahora un juego de carreras, los carros son muy bonitos, está un Ferrari, un bugati, una 4x4 todo terreno, y otro montón de carros de carreras que no conozco, en lo que los dos decidimos el carro de cada quién y nos ponemos de acuerdo sobre que pista para la carrera utilizar, estamos comiendo unas galletas que encontré en la alacena, es divertido competir con mi hermano por algo sin estar peleando, aunque nunca se lo digo directamente yo lo quiero mucho.

Capítulo 11

Palomitas de Maíz

Jugamos juntos un rato hasta que nos aburrimos y luego mi papá y mi otro hermanito entraron a la casa, habían estado en el patio con lo de la bicicleta. Ya que entraron les dimos de las galletas que estábamos comiendo, aunque ya quedaban muy pocas, luego mi papa agarró la computadora y dijo que si queríamos ver una película, le dijimos que sí y nos pusimos a ver unos cuantos tráileres, esas discusiones sobre qué película hay que ver son las mejores que puede haber, cuando por fin nos decidimos por una yo comencé a buscarla y mi papá se fue a la cocina a preparar las palomitas.

Como recién mi madre movió todo en la cocina, mi padre se la paso un buen rato buscando la bolsita de las palomitas, tanto que mejor me fui a la cocina a ayudarle a mi papa a encontrar las dichosas palomitas, ya que las puso en el microondas me fui al pie de las escaleras y le grite a mi mamá que si quería bajar para ver una película, ella me dijo que sí, pero que la esperáramos porque acababa de terminar de bañarse y apenas se estaba secando el cabello, a ella no le gusta estar desarreglada, no importa que no tengamos planeado salir, ella se peina, se pone un toque de maquillaje y a veces se pone algo de perfume, siempre le decimos que ella no lo necesita, que se ve bonita aunque no se maquille, pero a ella le gusta arreglarse.

Además que si ella está bien arreglada le dan ganas de salir a pasear a algún lado y nos lleva a todos, a lo mejor y terminando la película podemos ir a comer a algún restaurante, pero por ahora ya huele a palomitas y la película está nada más esperando que le diéramos "iniciar".

Mis hermanos y yo nos fuimos a la cocina a servirnos palomitas y nos fuimos a sentar al sillón, mi papá también se vino pero él se quedó sentado en un escalón esperando a que bajara mi mamá para así poder darle su tazón de palomitas y sentarnos a ver la película a verla todos juntos, hacer esto es mejor que ir al cine, así si alguno quiere ir al baño simplemente pone la pausa y va y no se pierde nada de la película, no me acuerdo cuando empezamos a hacer esto, pero se ha vuelto algo así como una pequeña tradición familiar. A todos nos gusta y seguiremos haciéndolo hasta que el menor se valla de esta casa, para continuar con eso ya en nuestras propias familias, pero no hay de qué preocuparme, aún falta mucho tiempo para eso, mientras tanto, son estos pequeños detalles los que nos hacen ser una familia unida.

Por fin bajo mi mamá y le pusimos "iniciar" a la película, que ya estaba un poco cargada al menos, todos sentados en el sillón con las palomitas en las manos, juzgando a los actores y disfrutando la trama, vivimos nuestros pequeños momentos juntos.

FIN

PARTE 2

DANILO

Capítulo 1

Recién terminaron las vacaciones, Danilo ahora va a clases todos los días, pero no los fines de semana, esos días dice Danilo que está contento porque se levanta tarde de la cama y no tiene que usar el uniforme de la escuela.

Sus dos mejores amigos son Susana y Juan.

Juan es delgado, de ojos color café claro y pelo rizado (curly hair). Él además es vecino cercano de Danilo. Susana es una niña delgada, de cabellos rizados y grandes ojos verdes, Susana y Juan toman clase en la misma aula que Danilo.

Danilo en ocasiones llega muy cansado a la escuela, tiene mucho sueño, le gustaría dormir un rato, pero sabe que a la

Señorita Marquez, su maestra, no le gusta que se duerman en lugar de estudiar.

Capítulo 2

—Buenos días a todos- Saluda la maestra.

—Buenos días señorita Marquez, contestan todos en una sola voz.

Permanezcan de pie por favor, ¿Qué les parece si cantamos una canción para animarnos un poco? Y si se portan bien y estudian les contaré un cuento.

Todos sus alumnos emocionados comienzan a sugerir nombres de canciones infantiles, ella escoge una y todos juntos comienzan a cantar la canción junto con ella, con eso ella logra animarlos un poco, así puede dar su clase sin que los niños se *distraigan* (get distracted) constantemente. A Danilo le gusta que la Señorita Marquez haga eso.

Danilo hace competencias con un compañero suyo llamado Alberto para ver quien canta más fuerte, a ambos les gusta hacer eso y ríen.

Capítulo 3

Danilo pasa la mañana prestando atención a la maestra, están en clase de español y ella les está contando un cuento sobre una princesa atrapada en una torre. A Danilo le gusta el cuento pero eso mismo lo hace distraerse fácilmente. Alberto y Danilo están platicando en voz baja acerca del cuento sin que la maestra los escuche. No quieren que los regañe o *se enoje* (get angry) tanto que los envíe castigados a la oficina del director.

La maestra termina de contar su cuento y enseguida hace un **dictado** de 10 palabras (dictation test). Danilo y Alberto compiten para ver quien lo termina primero.

Alberto abre rápidamente su libreta, toma su lápiz y borrador y comienza a escribir, quiere ganarle a Danilo, termina muy pronto y va a que le revise la maestra. Danilo también intenta superar a Juan pero pierde tiempo por perder la punta de su lápiz, y tiene que utilizar el *sacapuntas* (pencil sharpener), pero se levanta rápido y va detrás de Alberto, quien llega primero al escritorio de la maestra.

Capítulo 4

-¡Magnífico trabajo Danilo! dice la maestra al tiempo que lo muestra al resto de la clase y agrega con orgullo:

- ¡Danilo obtiene un 100 de calificación!

Alberto es más rápido en terminar, pero Danilo es mejor con los dictados, por lo que ambos acordaron un **empate.**

Suena el **timbre de la escuela (school bell)** anunciando la hora de recreo y todos salen emocionados al patio a jugar y a comer, Alberto sale muy rápido, Danilo espera a que Susana y Juan salgan también.

Danilo, Susana y Juan comen juntos y comparten su almuerzo entre ellos.

Capítulo 5

Mientras comen Juan le dice a Danilo

— Juguemos **trabalenguas (tongue twisters).** Yo inicio primero.

—Va, dímelo. Contesta Danilo.

—*Si yo como cómo como*

y tú comes cómo comes,

¿Cómo comes cómo como?

Si yo como cómo como

¿Y tú comes cómo comes?

(If I eat like I eat,

and you eat like you eat,

How do you eat like I eat,

if I eat like I eat and

you eat like you eat?)

— ¿Qué? ¡No te entendí nada!, dice Danilo muy confundido.

— ¡Ja, ja, ja!, sigues tú.

—No, -dijo Danilo-mejor te cuento una ***adivinanza*** (guessing game)

¿En qué se parece un árbol a una bomba?

— ¿Un árbol a una bomba? No sé, ¿en qué?

-En que la bomba ***estalla.(explodes)***

- ¿Y el árbol?

-***Está allá***, (is over there) ¡ja, ja, ja!

Capítulo 6

Al terminar de comer, los tres van al *patio de recreo* (playground) a jugar, se divierten y hacen ejercicio mientras están jugando, porque en cada uno de sus juegos corren y brincan y demás. El juego favorito de Danilo es el *columpio (swing)* y el de Juan es la *resbaladilla* (slide). Aunque ambos se divierten mucho con el *sube y baja* (seesaw).

-Juan vamos al *sube y baja*, no hay nadie ahí todavía. Dice Danilo

-No, contesto Juan, -esta vez prefiero ir a las *resbaladillas* y luego nos subimos a los *columpios*.

Ellos apenas dejan los **columpios** y no pasa mucho tiempo cuando ya están jugando a las *escondidas* con los demás niños de su grupo. Danilo opina que la *hora de recreo (recess)* termina más rápido de lo normal cuando juegan todos juntos. Juan simplemente dice que no se da cuenta de eso, y ve que Danilo se ve algo raro, tiene un aspecto gracioso, ya que por haber corrido tanto su cara se puso roja.

Capítulo 7

La hora de recreo acaba de terminar, ya están en el **salón de clases**, la maestra explica algo de **multiplicaciones y divisiones.** Danilo ya no quiere competir con Alberto, Alberto es muy bueno en **matemáticas.**

La maestra revisa los ejercicios de matemáticas a todos al terminar, luego continua con la **materia** de Historia. A Danilo le va bien en la escuela, es muy inteligente, pero la materia de Historia simplemente es demasiado **aburrida** (boring) para él.

La maestra toma el *marcador* y comienza a escribir cosas en el pizarrón blanco, pero Danilo ya no está poniendo atención, él está imaginando que es un caballero de la edad media, tiene una *armadura* (armor) plateada y muy brillante, está montando un caballo blanco, va camino al castillo donde vive la reina con la princesa Susana, pero el rey no la deja salir y la tiene encerrada en una torre, Danilo, el caballero de brillante armadura, está pensando rescatarla y va *cabalgando* (horse riding) entre las montañas durante un largo camino.

Capítulo 8

Llega al castillo, pero en lugar de tocar la puerta, la derriba de **una patada** (give a kick) porque él es muy fuerte, saca su espada y entra al castillo buscando a su princesa, se mueve por *la sala, la cocina, el comedor* e incluso el *cuarto de baño*, pero no hay nadie.

Sube *las escaleras* (stairs) y al dar la vuelta sale el rey, también con su propia **espada** (sword) y comienzan a pelear, el rey no quiere que Danilo el caballero encuentre a su hija la princesa.

Danilo el caballero de brillante **armadura** quiere ver a la princesa Susana, porque ella es muy bonita y sabe muchos juegos divertidos.

La reina observa por encima de **las escaleras** porque escuchó el ruido de las espadas al chocar, esta parada detrás del rey y ella grita, Danilo el caballero lo venció porque él es muy fuerte, grande y poderoso. Danilo el gran caballero acaba de derrotar al rey, eso hace que la reina este muy triste.

Capítulo 9

La reina observa a Danilo el caballero y luego va corriendo a su cuarto, ella cierra la puerta para que nadie entre. Danilo, el gran y valiente caballero, termina de subir las escaleras y encuentra la puerta que da a la torre donde está la princesa Susana.

Danilo llega al cuarto donde el malvado rey había encerrado a la princesa Susana.

La princesa Susana está muy feliz y le sonríe a su caballero de brillante armadura que la rescató. Danilo el caballero se acerca a ella y la carga en sus brazos, ella pesa mucho pero no importa, porque él es muy fuerte, grande y poderoso.

La princesa Susana está muy feliz y Danilo el caballero acerca su mano a la cabeza de la princesa, ella tiene algunos cabellos sobre la cara y él se los quiere acomodar, pero en eso la princesa Susana deja de sonreír y dice algo enojada

– ¡Danilo despierta!

Capítulo 10

Danilo, el gran caballero, no entiende que está pasando pero la voz de la princesa Susana ahora suena igual a la voz de la señorita Marquez, la maestra de su clase. Hay un **terremoto** (earthquake), todo se está sacudiendo, el mira el techo de la torre que está cayendo y luego mira sus brazos, la princesa ya no estaba ahí.

-Danilo que despiertes, ¿no oyes que la maestra te está hablando?- . Le dijo su amigo Alberto, que se sienta en el **pupitre** (desk) que está a un lado de Danilo.

-¿Ah? ¿Y la princesa?- Dijo Danilo algo desconcertado, ya que seguía algo adormilado, pues Alberto y la maestra lo sacaron del pequeño mundo que Danilo hizo con su imaginación. Lejos de cualquier torre o castillo, donde ni siquiera es un caballero de brillante armadura.

En ese momento todo el salón ríe y Alberto, que está acostumbrado a ver que Danilo dormita en clase, también sonríe un poco.

Capítulo 11

Danilo **cae en cuenta** (he realizes) que todo había sido un sueño, había dormido por unos instantes en su pupitre, miro a su alrededor y ya no estaba en un gran castillo, ahora estaba de nuevo en su salón de clases, donde la maestra se la pasaba diciéndole a todos qué hacer y qué no hacer.

 La maestra estaba observando directamente a Danilo, ya casi era *hora de salida* (dismissal time) y el no escuchó nada del final de la clase, ella está muy molesta.

Danilo miro a la maestra, ella está parada frente al pizarrón con el marcador en la mano pero no está escribiendo nada, ella lo está observando muy enojada.

—Danilo, no debes quedarte dormido durante las clases

—Perdóneme maestra, no lo vuelvo a hacer.

— ¡Ay Danilo! mejor apunta la tarea que ya casi es *hora de salida*, y acuérdate de traer colores nuevos para el trabajo en equipo.

—Si maestra. Repuso Danilo un tanto apenado.

Capítulo 12

Danilo comenzó a apuntar *la tarea* como le pidió la maestra, se sentía muy avergonzado por haber dormido en el aula frente a todos.

Alberto dijo que iría a su casa después de comer para estudiar juntos y jugar un rato, a Danilo le gustó la idea.

Finalmente sonó el timbre y Danilo, Juan y Susana van al patio para jugar un poco mientras esperan a que sus papás pasen a **recogerlos** (pick them up) de la escuela.

Danilo está ansioso de que su mamá lo recoja para ir a casa, Danilo ya tiene hambre, quiere comer una hamburguesa completa, o unos tacos como los que su mama prepara, o unos panecillos (muffins), o huevo revuelto con jamón, o un pastel… A Danilo le gustan los pasteles de chocolate, aunque también disfruta mucho de comer frutas, en ese momento recordó que tenía una manzana en la **lonchera** (lunchbox) que le quedo de la hora de recreo.

Danilo estaba aún en la puerta ya con su mochila en mano, entonces él **se asoma** (takes a look) para ver si su mamá lo esperaba ahí, pero no la vio.

Capítulo 13

Danilo regresa al patio con sus amigos y juntos juegan a las *canicas* mientras esperan a que sus padres los recojan y los lleven a sus casas.

Danilo está muy atento para ver a su mamá en la puerta cuando ella llegue, pero Juan esta tan *absorto* (absorbed) jugando que no se da cuenta que su papá le está hablando desde la entrada.

Susana reacciona más rápido que ellos dos y le da un empujoncito en el hombro a Juan para que dejara de ponerle toda su atención a las *canicas*. Juan observa a Susana y Susana solo miro a la puerta, Juan ve que su papá ya está esperándolo ahí parado y rápido guarda su **canicas** las guarda en su **mochila** y se va.

A Danilo no le gustaba estar solo con Susana, Danilo se sentía raro porque la había soñado como una princesa. Aunque ahora que la veía, Danilo no se imaginó a ninguna princesa sentada jugando canicas con la boca manchada de dulce.

Capítulo 14

Danilo piensa que Susana es todo lo contrario a una princesa, las princesas son muy aburridas, solo van por ahí con un vestido muy largo. Danilo nunca veía a Susana usando un vestido largo como las princesas de los cuentos, Susana es su mejor amiga porque juega con ellos sin estar quejándose de tonterías como hacen algunas de las otras niñas del salón de Danilo, Susana juega béisbol (baseball), a las canicas, a las carreras, y a los tres les encanta jugarle bromas a los maestros cuando están muy aburridos y no saben qué hacer

-¿Qué me miras?-. Le dijo Susana a Danilo con voz enojada, pero su cara estaba sonriendo.

Danilo piensa que algunas de las niñas juegan a **cosas muy raras** (weird stuff), sin contar a Susana, aunque a veces, como ahora, se comportaba muy rara.

-Nada, hay que seguir jugando-. Danilo no advierte que esta absorto viéndola hasta que ella dice eso.

Los dos siguen jugando un poco más hasta que llega la mamá de Danilo y él va a su casa.

Capítulo 15

Danilo se puso feliz porque ya termino el día de clases, ahora estaba camino a su casa.

A Danilo *se le hacía agua la boca* (mouth-watering) mientras pensaba en la comida que su mamá le preparo, no importaba que sea, a Danilo le gusta toda la comida, y le gusta mucho la que su mamá cocina.

Él tiene una hermana, se llama Sofía, ella tienen 15 años, todo el día está escuchando música con sus audífonos o usando su celular.

La hermana de Danilo está ayudando a su mamá a **poner la mesa** (set the table) mientras que Danilo se cambia el uniforme, a su mamá no le gusta que coman con el uniforme puesto, porque dice que lo ensucian, aunque Danilo piensa que él no lo ensucia. Danilo quiere mucho a su hermana aunque ella casi nunca juegue con él, y ella también quiere a su hermanito menor, pero casi no se lo dice.

Ya es hora de la comida y los tres están sentados a la mesa, la mamá de Danilo y Sofía prepararon espagueti y **milanesa de pollo** (breaded chiken) su mamá siempre cocina cosas muy ricas, Danilo piensa que le pone un sabor que las demás mamás del mundo no conocen, por eso lo que ella cocina sabe mejor.

Capítulo 16

Danilo piensa que ese ingrediente secreto debe ser súper secreto, por eso, su mamá debe ser una espía, una espía que en cada una de sus misiones consigue los materiales para preparar ese misterioso ingrediente secreto que da ese rico sabor a sus comidas.

El padre de Danilo trabaja mucho, pero Danilo no tiene ni idea de en qué trabaja, su papá a veces está en la tarde o a veces en la mañana, el papá de Danilo lleva un mes que no llega a la casa a la hora de la comida, sino un poco más tarde.

Danilo piensa que como su mamá es una espía, su papá debe ser algo así también, tal vez él es un súper héroe que lucha contra los malos, tan fuerte que podría cargarlos a él y a su hermana juntos.

Ella es muy delgada pero como esta grande Danilo no la puede levantar como el súper héroe verde que se transforma y se hace muy grande y fuerte.

Capítulo 17

Danilo sueña con ser un súper héroe y luchara contra los malos cuando sea grande, a él le gusta salvar a mucha gente y a los malos (bad guys) llevarlos a la cárcel, o a la *oficina del director* (principal) de su escuela, el director es muy estricto con los que se portan mal, seguro él puede hacer que los villanos se arrepientan (repent) de todas las cosas malas que hacen.

Cuando Danilo sea un súper héroe, va a hacer que los **políticos** (politicians) ya no hagan cosas malas, Danilo no sabe que es un político, pero a su mamá habla de que los políticos hacen muchas cosas malas por dinero. A Danilo no le parece justo, a él y a su hermana les enseñan en su casa a no hacer cosas malas, por eso él tiene que enseñarle a esos políticos, él quiere lanzarles su súper rayo láser y cuando intenten escapar, correr con su súper velocidad para detenerlos.

Danilo ya termino de comer, está haciendo su tarea para poder salir a jugar con sus amigos, ellos lo están esperando en el **parque** (park) que está cerca de su casa.

Capítulo 18

La hermana de Danilo sube a su cuarto y escoge un libro, ella no sale a jugar al parque, ella se queda en su cuarto y se pone a leer, Danilo piensa que ella es muy aburrida cuando está a mitad de un libro, ella no piensa en otra cosa más que terminarlo y no juega a nada con Danilo.

Ya puede salir Danilo y va al parque con sus amigos, están jugando futbol, luego juegan a las **escondidas** y después en las resbaladillas y los **columpios**, les gusta platicar cuando ya están cansados. Pero Danilo ya tiene hambre otra vez, por jugar toda la tarde, Danilo no ha **caído en cuenta** de que ya está empezando a caer la noche.

Danilo llega a su casa y ve a su hermana en el espejo, se ve graciosa con tanto color en la cara, tiene los labios muy rojos, como cuando te comes una paleta rojo y te manchas toda la boca, ella también tiene la cara algo blanca, Danilo piensa que quizá se llenó de harina ayudando a su mama en la cocina.

Capítulo 19

Sofía, la hermana de Danilo, no tiene la cara llena de harina, ni se comió una paleta roja, ella está maquillada porque está por salir para ir con sus amigos.

-¿Sofía qué te pasó en la cara?

- Nada Danilo, ya te lo dije antes, se llama **maquillaje** (makeup), es para verse mejor.

Danilo no entiende porque su hermana se maquilla, el piensa que ella siempre se ve bien y no necesita ponerse cosas en la cara para verse mejor, pero nunca la logra convencer.

Danilo prefiere ya no decirle nada, él se mete a la cocina a ver si encuentra algo rico en el refrigerador, ve que hay postre de limón del que su hermana hace a veces, toma un poco y se lo come en el sillón para poder ver la tele un rato, a él le gustan las **caricaturas** (cartoons).

La mamá de Danilo piensa que el saca toda esa imaginación que tiene de la televisión, ella no cree que la imaginación sea mala, pero piensa que no está bien quedarse mucho tiempo viendo la pantalla, por eso solo deja a Danilo ver la **tele** un poquito, pero no todo el día, ella está feliz de que su niño salga a jugar con sus amigos, vio una noticia en Internet de que el nuestro es un país con un serio problema de obesidad. Danilo y su hermana son unos niños muy delgados, su mamá piensa que es porque Danilo tiene la costumbre de salir a jugar con sus amigos y siempre **está jugando futbol**, y su hija Sofía está en un grupo de Danza y en el equipo de Voleibol en su preparatoria.

La mamá de Danilo está muy orgullosa de sus dos hijos, ambos son muy inteligentes y son obedientes.

FIN

¡Les deseo mucha felicidad!

Mariana Ferrer

ABOUT THE AUTHOR

Mariana Ferrer is a dedicated author with a passion for crafting engaging and educational books that cater to young learners. With a focus on language acquisition and cultural exploration, Mariana's works are designed to inspire and empower young students who are on a journey to learn the Spanish language.

Drawing from her extensive experience in education and language instruction, Mariana Ferrer's books are tailored specifically for K-12 students, with a special emphasis on high school learners. Through her writing, she aims to create a bridge between language learning and real-life connections, helping students develop not only their linguistic abilities but also a deeper appreciation for diverse cultures and global perspectives.

Mariana's unique approach to language education aligns seamlessly with the values of educators and teachers who encourage their students to seek additional age-appropriate reading and listening materials from local public libraries. Her books serve as valuable resources that complement classroom learning, providing an accessible and engaging way for students to reinforce their language skills outside the classroom.

With experience in both language education and creative storytelling, Mariana Ferrer has masterfully combined her expertise to create a series of books that resonate with young learners. Her works open doors to exciting worlds, encouraging students to explore language, culture, and imagination simultaneously. Through Mariana's books, students not only embark on a linguistic journey but also foster a lifelong love for reading, learning, and cross-cultural understanding.

71